# 꼭꼭 씹어 먹는 국어

**❸ 이야기 글 맛있게 먹기**

## ※ 2022년 개정 국어 교과 연계 ※

**1학년 1학기 5단원**   작품을 읽고 생각 나누기
**1학년 2학기 8단원**   인물을 상상하며 작품 감상하기
**2학년 1학기 8단원**   시와 이야기 감상하고 생각과 느낌 표현하기
**2학년 2학기 4단원**   이야기 속 인물에게 마음 전하기
**2학년 2학기 8단원**   시로 표현하기, 뒷이야기 상상하기
**3학년 1학기 3단원**   작품을 읽고 재미와 감동 표현하기
**3학년 2학기 1단원**   경험을 떠올리며 작품 감상하기
**4학년 1학기 1단원**   이야기 흐름 파악하며 읽기
**4학년 2학기 1단원**   현실 세계와 비교하며 작품 감상하기
**4학년 2학기 4단원**   작품을 읽고 생각이나 느낌 나누기

문해력 키우기

# 꼭꼭 씹어 먹는 국어

**③**
이야기 글
맛있게 먹기

글 박현숙
그림 홍찬주

특서주니어

## 차례

도깨비 나라의 왕자 … 6

도깨비 왕자 인간 세상으로 가다 … 13

도깨비 왕자 학교에 가다 … 19

도깨비 왕자 전래 동화를 읽다 … 30

도깨비 왕자 창작 동화를 읽다 … 42

도깨비 왕자 동시를 읽다 … 52

도깨비 왕자 인간 세상을 떠나다 … 60

## 동화 작가 박현숙의 문해력 키우기

문해력 끌어올리는 핵심 노트 … **68**
문해력 끌어올리는 토론 활동 … **75**
문해력 끌어올리는 독후 활동 … **80**

작가의 말 … **90**

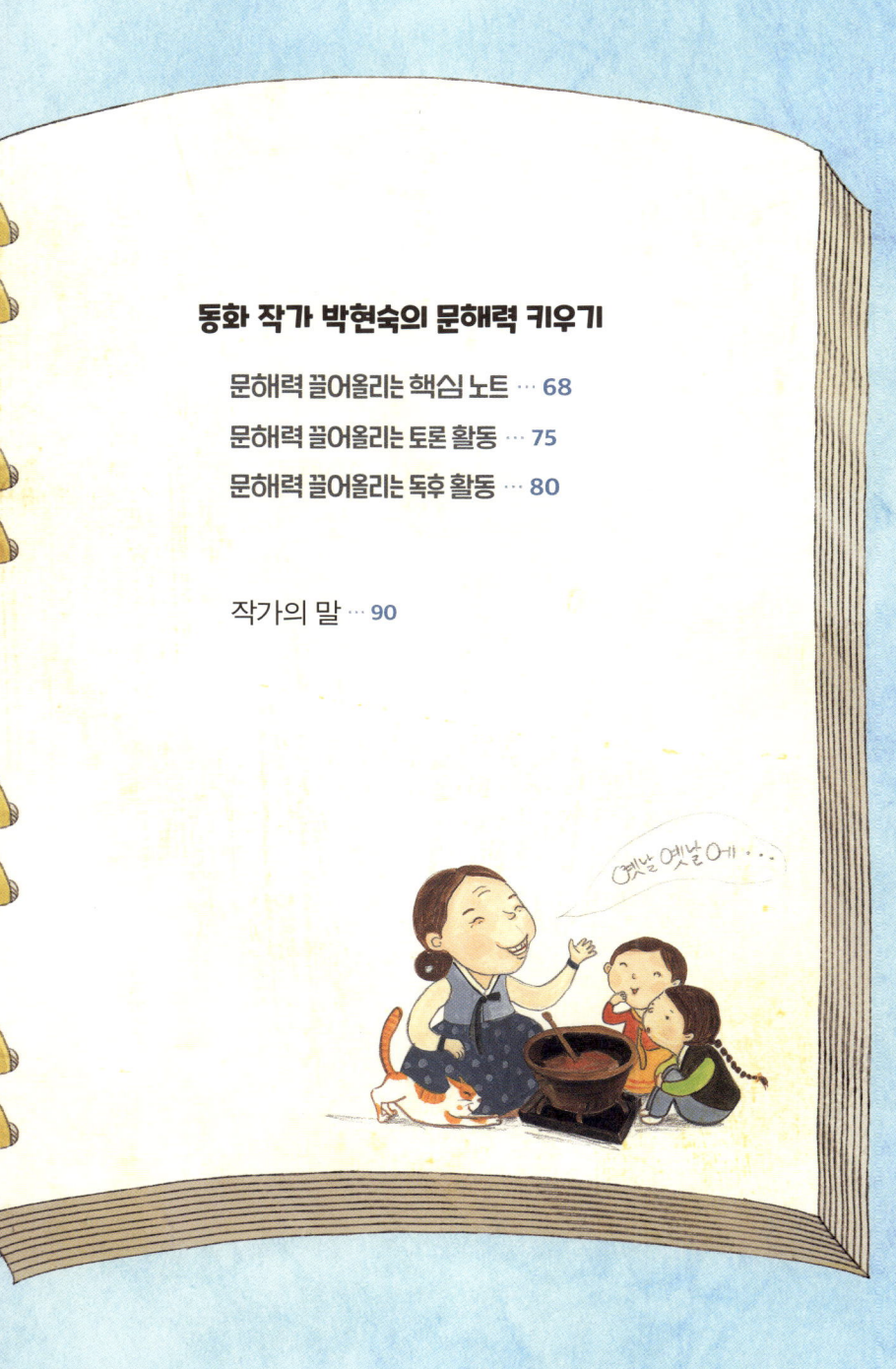

## 도깨비 나라의 왕자

명달이 얼굴에 웃음이 떠올랐다. 300개나 되는 촛불을 한꺼번에 끄다니, 스스로 생각해도 대단했다.

"오늘로 명달이는 삼백 살이 되었으니 내년에는 왕위를 물려받아야 한다."

대왕 도깨비의 표정은 진지했다.

명달이는 대왕 도깨비 말을 듣는 둥 마는 둥하며 옥수수와 별똥으로 만든 케이크를 집어 먹었다.

"우와! 신난다, 신나. 내가 삼백 살이 되다니."

명달이는 신이 났다. 삼백 살이 되면 왕이 될 수 있다. 하지만 그것 때문에 신이 난 건 아니었다. 삼백 살이 되면 결혼을 할 수 있기 때문이다.

"저는 '왕바위만큼 단단하고 튼튼해서 오래 살 아이'가 좋아요."

명달이 입이 헤벌쭉 벌어졌다. '왕바위만큼 단단하고 튼튼해서 오래 살 아이'는 대신 도깨비 딸인데 엄청 예쁘다.

"왕오가 그렇게 좋으냐? 왕오는 너를 쳐다보지도 않는데. 에이그, 쯧쯧."

대왕 도깨비는 얼굴을 찡그렸다. 왕오는 '왕바위만큼 단단하고 튼튼해서 오래 살 아이'라는 이름을 줄여서 부르는 말이다.

도깨비들 이름은 원래 길다. 명달이 원래 이름도 '명이 실타래처럼 길고 고무줄처럼 질겨 해가 달이 되고 달이 별이 되는 날까지 살 아이'다. 하지만 그 긴 이름을 부르다 보면 숨도 차고 시간도 많이 걸리기 때문에 줄여서 부른다.

"명달이 너는 이제 인간 세상으로 떠나야 한다."

대왕 도깨비가 말했다.

"으잉, 싫어요. 인간들 중에는 무서운 사람도 많다면서요. 저는 안 갈 거예요. 저는 결혼만 할 테니 왕은 아빠가 계속하세요."

명달이는 불룩한 배를 내밀며 툴툴거렸다.

"아이고, 매일 먹고 자고 먹고 자고 게으름만 피우니 배만 나오는구나."

대왕 도깨비가 한숨을 쉬었다.

"왕위를 이을 도깨비는 삼백 살이 되면 왕이 되어야 하기 때문에 그 전에 준비를 해야 한다. 그 준비 중에 하나가 인간 세상에 나가 인간을 연구하는 거지. 나도 그랬고 나의 아버지도 그랬고 할아버지도 그랬다."

"인간들 연구를 뭐하러 해요. 귀찮게."

명달이는 뭘 하든, 하는 것 자체가 귀찮았다.

"그럼 인간들에게 도깨비 나라를 빼앗기고 싶으냐? 인간들 중에는 욕심이 턱까지 차오르고 어리석은 자들이 많지. 그들은 집도 땅도 넓으면 넓을수록 좋다고 생각해. 그래서 도깨비 나라까지 넘보고 있다."

대왕 도깨비는 다시 한숨을 쉬었다. 하지만 케이크를 먹는 것에 집중한 명달이는 대왕 도깨비 말을 귓전으로 들었다.

"명달아. 내 말을 듣고 있느냐? 지금 케이크만 먹을 때가 아니다."

대왕 도깨비가 버럭 소리를 질렀다. 명달이는 너무 놀라 입에 넣던 케이크를 도로 뱉어 냈다.

"내일 당장 인간 세상에 가서 한 달 동안 인간들과

함께 생활하고 돌아와라. 인간에 대해 공부를 충분히 하고 와야 할 것이다."

"내일 당장이요? 결혼부터 하고 가는 게 아니고요?"

"결혼은 인간 세상에 다녀오고 난 후에 한다. 인간을 제대로 파악하지 못하고 오면 결혼은 취소다."

명달이는 결혼을 취소한다는 말에 정신이 번쩍 들었

다. 명달이는 재빨리 침대 밑에 넣어 둔 도깨비방망이를 찾아 들었다. 왕비 도깨비가 명달이에게 도깨비 팬티를 내주었다.

"이건 인간 세상으로 나가는 도깨비가 꼭 입어야 할 팬티다. 절대 찢어져서는 안 된다."

왕비 도깨비가 당부했다.

"지금부터 명달이 네 방망이는 놀고 먹는 데는 사용할 수 없다. 오직 인간 세상을 공부하는 데만 쓸 수 있다. 알겠느냐?"

"알았다고요."

명달이는 도깨비방망이에 올라탔다.

## 도깨비 왕자 인간 세상으로 가다

쿵!

도깨비방망이가 땅바닥에 떨어지며 명달이는 엉덩방아를 찧었다. 엄청난 충격에 명달이는 한참 동안 제자리에서 꼼짝도 못 하고 앉아 있었다. 한참 후 겨우 정신을 차린 명달이가 엉거주춤 일어났다. 인간 세상은 이른 아침이었다.

명달이는 도깨비방망이를 어깨에 걸치고 여기저기 기웃거렸다. 어차피 명달이 모습은 인간들 눈에는 보이지 않는다. 명달이가 주문을 외우기 전에는 말이다.

"이 집은 대문이 열려 있군."

왕왕왕왕왕.

명달이가 대문 안으로 고개를 들이민 순간, 개 한 마리가 명달이에게 달려들었다.

"어이쿠, 깜짝이야. 이게 개라는 동물인가 보군. 엄청 사납네. 그런데 내가 보이나? 아니면 냄새로 아는 건가?"

명달이는 재빨리 뒤돌아섰다. 하지만 개는 행동이 무지하게 빨랐다. 쏜살같이 달려와 명달이에게 달려들었다.

"으아아악. 이거 놔."

명달이는 도깨비 팬티를 단단히 붙들었다. 개가 팔짝팔짝 뛰며 더 요란스럽게 짖었다.

그때였다. 집 안에서 여자아이가 나왔다.

"깐순아. 왜 그래?"

왕왕왕!

여자아이를 보자 개는 더 높이 뛰면서 명달이에게 다시 달려들었다. 개가 명달이 엉덩이를 덥석 물었다.

"안 되겠다. 카리카리카카카 카카카 카카카."

명달이는 도깨비방망이를 휘두르며 주문을 외웠다.

"으아악, 깜짝이야. 너, 너는 누구야? 괜찮아?"

여자아이가 뒤로 넘어질 듯하며 놀랐다. 여자아이는 개를 번쩍 안고 명달이에게서 떨어졌다.

'괜찮기는, 엉덩이를 물렸는데.'

명달이는 물린 곳을 슬쩍 살펴봤다. 다행히 상처는 나지 않았다.

"상처는 안 났어. 깐순인지 뭔지 저 강아지 침만 잔뜩 묻었어. 아이고, 더러워라."

명달이는 얼굴을 잔뜩 찡그렸다.

여자아이는 더 다친 곳은 없는지, 많이 놀라진 않았는지, 왜 팬티만 입고 다니는지 이것저것 물었다. 말이 많은 아이였다.

"그런데 이건 뭐야? 꼭 도깨비방망이처럼 생겼네."

여자아이는 도깨비방망이를 뱅글뱅글 돌렸다.

"안 돼. 도깨비방망이는 사람이 두드리면 안 돼."

명달이는 얼른 여자아이 손에서 도깨비방망이를 낚아챘다.

"사람이 두드리면 안 되는데 왜 네가 갖고 다녀? 네가 도깨비란 말이야?"

여자아이는 코웃음 쳤다. 명달이는 어쩔 수 없이 자신의 정체를 밝혔다.

"그러니까 네가 도깨비 나라의 왕자란 말이야? 무슨 왕자가 이래?"

여자아이는 풋! 하고 웃음을 터뜨렸다. 명달이는 슬며시 기분이 나빠졌다.

"어쩔 수 없군. 내가 도깨비 나라의 왕자라는 증거를 보여 주지. 카리카리카카카 카카카 카카카."

명달이가 주문을 외웠다.

"어? 어디 갔지?"

여자아이가 두리번거렸다.

"카리카리카카카 카카카 카카카."

명달이는 다시 주문을 외워 모습을 드러냈다. 여자아이 눈이 휘둥그레졌다.

"진짜 도깨비가 맞구나. 와, 신기하다. 좋았어! 인간 세상에 대해 공부하러 왔다고 했지? 내가 도와줄게. 나는 호기심이 많아서 새로운 걸 좋아하거든."

"진짜? 어떻게 도와줄 건데?"

명달이는 너무 좋아서 여자아이 손을 덥석 잡았다.

"그건 말이지……. 일단 손 좀 놔."

여자아이가 슬그머니 명달이 손을 뿌리쳤다.

"나랑 같이 학교에 가는 거야. 학교는 공부를 하는 곳이거든. 너한테 도움이 될 거야. 나는 아름이라고 해."

여자아이는 자신의 이름을 말했다.

## 도깨비 왕자 학교에 가다

"카리카리카카카 카카카 카카카."

명달이는 도깨비방망이를 휘두르며 주문을 외워 몸을 작게 만들었다. 그리고 아름이 가방에 들어가 학교에 갔다. 눈곱만큼 작아진 도깨비방망이는 콧구멍에 넣었다.

"선생님은 아는 게 많거든. 그러니까 선생님 말씀을 귀 기울여 들어야 해."

아름이가 말했다.

"오늘부터 수업을 시작하기 전에 삼십 분 정도 책 읽는 시간을 갖도록 하겠어요. 설명하는 글, 주장하는 글, 이야기 글 등 이렇게 여러 종류 글 중에 우리가 가장 먼저 읽을 책은 '이야기 글' 책이에요."

'대체 무슨 말이야?'

명달이는 선생님 말을 알아들을 수가 없었다. 명달이는 자기도 모르게 하품이 쏟아졌다.

"이야기 글은 일단 재미있어요. 그리고 이야기 글을 읽으면 세상에 대해 환히 알 수 있어요. 글을 파악하는 능력이 생겨서 공부도 아주 재미있어질 거예요."

세상에 대해 환히 알 수 있다는 말에 명달이의 하품이 도로 들어갔다. 명달이는 침을 꼴깍 삼키며 선생님 말에 집중했다.

"이야기 글을 읽으면 우리가 평소에 경험하지 못했던

걸 간접적으로 경험할 수 있어요. 이렇게 다양한 경험을 하면 문제를 파악하고 해결하는 힘을 키울 수 있어요."

'오호, 그렇구나! 이야기 글이 뭔데 저런 큰 힘이 있는 거지?'

명달이는 귀를 더 기울였다.

"혹시 이야기 글의 종류에는 뭐가 있는지 아는 사람?"

선생님이 물었다.

"이야기 글에는 동화와 동시가 있어요."

아름이가 벌떡 일어나 대답했다.

"맞아요. 아름이가 아주 잘 알고 있네요."

선생님이 아름이를 칭찬했다.

명달이는 똑똑한 아름이가 마음에 쏙 들었다. 이제 아름이를 만났으니 인간 세상을 파악하는 건 시간문제일 거 같았다.

'아름이처럼 똑똑한 아이와 결혼해도 괜찮을 거 같아.'

명달이는 문득 이런 생각이 들었다. 명달이는 자기도 모르게 히죽거리며 웃었다. 왕오도 좋지만 아름이도 좋았다.

수업이 끝나고 학교를 나서던 아름이는 잠시 길을 멈추고 뭔가를 생각했다.

"어디 좀 가자. 주말에 가려고 했는데 생각났을 때 가는 게 좋겠어."

"어딜?"

명달이는 궁금해서 물었다.

"서점. 서점은 책이 엄청 많은 곳이야. 여기에서 가까운 곳에 작은 서점이 있거든."

"거기 가면 이야기 글도 있어?"

아름이가 고개를 끄덕였다.

"옷을 입은 모습이 되어라. 카리카리카카카 카카카 카카카."

이야기 글을 찾아 읽고 싶었던 명달이는 서점 앞에서 도깨비방망이를 휘두르며 주문을 외웠다.

"옷을 입으니까 완전히 다른 아이 같네."

아름이가 명달이를 보고 활짝 웃었다.

서점 안으로 들어간 명달이의 눈이 금방이라도 튀어나올 정도로 커졌다. 서점에는 책이 많았다.

'이 책 중에 인간 세상에 대해 완벽하게 파악할 수 있는 책도 많을 거야.'

명달이와 아름이는 서점을 돌아다니며 이야기 글이 있는 책을 찾아 읽었다. 명달이와 아름이가 지나간 자리마다 책들이 흩어져 엉망진창이었다.

"이야기 글은 정말 쉽고 재미있어."

아름이가 말했다.

"재미있긴 한데 인간 세상에 대해 뭘 알려 준다는 거

지? 인간 세상에 대해 파악하는 내용은 어디에 있는 거야?"

명달이는 궁금했다.

책만 읽으면 세상에 대해 환히 알 수 있다더니, 도무지 이해가 되지 않았다.

"너희들 지금 뭐하는 거니?"

그때 웬 할아버지가 명달이 앞에 버티고 섰다. 눈이

부리부리한 할아버지였다.

"서점 주인 할아버지야."

아름이가 명달이 귀에 대고 속삭였다.

"책을 가지고 장난을 치다니."

"장난을 치는 게 아니라 책을 읽고 있던 거예요."

아름이가 얼른 흩어진 책들을 정리하며 말했다.

"한 권이라도 집중해서 읽어야지. 이런 식으로 읽으면 천 권을 읽어도 소용없어."

할아버지의 부리부리한 눈이 더 부리부리해졌다.

"이야기 글은 재미있어서 술술 읽혀요. 집중할 필요도

없다고요."

아름이는 책을 정리하며 말했다.

"으음, 그래. 제대로 읽었다, 이 말이지? 그럼 나를 따라와 봐라."

할아버지는 책 한 권을 들고 따라오라는 손짓을 했다. 명달이와 아름이는 할아버지를 따라 서점에 있는 책 읽는 공간으로 갔다.

"좀 전에 이 책을 읽었지? 이 책을 쓴 사람이 책을 읽는 사람에게 말하고자 하는 것은 무엇이냐? 그걸 주제라고 하는데 남자아이 네가 말해 봐라."

할아버지가 명달이를 가리켰다. 명달이는 깜짝 놀라 눈을 크게 뜨고 고개를 저었다.

"그럼 이 책을 읽은 뒤 느낀 점을 말해 봐라."

"왜 자꾸 저만 시켜요?"

명달이는 볼멘소리를 하며 슬그머니 아름이를 바라봤다. 아름이가 놀란 눈으로 손사래를 쳤다.

"많은 아이들이 이야기 글을 읽을 때 너희들처럼 읽는단다. 재미있다고 별 생각없이 빨리 읽기만 해. 그러고는 책을 많이 읽었다고 자랑을 한단다."

명달이와 아름이는 꼭 자기 이야기를 하는 거 같아 얼굴이 뜨거워졌다.

"하지만 생각해 보렴. 글을 쓴 지은이는 읽는 사람에게 하고 싶은 말이 있어서 쓰는 거야. 지은이가 말하고자 하는 것, 그걸 주제라고 한단다. 이야기 글을 읽으면서 주제가 뭔지 생각하고 파악해야 해. 그게 글을 읽는 목적이란다."

할아버지는 아주 천천히 말했다. 명달이 귀에 쏙쏙 들어왔다.

"이제 알겠니? 자, 가서 너희들이 늘어놓은 책부터 정리하고 다시 오렴."

"다시 오라고요?"

"이렇게 만난 김에 이야기 글을 제대로 읽는 방법을 알려 주려고 그래. 나는 책을 엉터리로 읽는 아이들을 보면 안타깝거든. 대신 너희들은 책 정리를 도와주면 된단다. 서가에서 책을 뽑아서 보고는 제대로 꽂아 놓지 않는 사람들이 많거든."

"나는 그냥 갈래."

명달이는 아름이 귀에 대고 말했다. 책 정리하는 건 귀찮은 일 같았다. 명달이는 당장 서점에서 나가고 싶었다.

"명달이 너, 왕이 되어야 한다며? 인간 세상에 대해 공부하러 왔다고 했잖아? 잘됐어. 서점 할아버지한테 배워서 책을 제대로 읽어 보자. 그럼 너는 분명 훌륭한 왕이 될 수 있을 거야."

아름이가 명달이 손목을 꽉 움켜잡았다. 힘이 얼마나 센지 명달이의 손목이 얼얼할 정도였다.

## 도깨비 왕자 전래 동화를 읽다

"이야기 글 중에 먼저 읽을 것은 전래 동화야. 자, 이 책을 읽어 보자."

"와, 도깨비 얘기다."

명달이 눈이 휘둥그레졌다. 인간 세상에서 도깨비 이야기를 만날 줄은 상상도 못했다.

"도깨비 얘기를 좋아하니?"

할아버지가 물었다.

"좋아한다기보다는 신기해서요. 제가 도깨비거든……."

명달이는 아름이가 옆구리를 찌르는 바람에 말을 멈췄다. 명달이는 자기 머리를 쥐어박았다. 도깨비라는 사실을 여기저기 마구마구 밝히는 건 위험한 일일 수도 있다.

"전래 동화는 옛날부터 전해 내려오는 이야기를 말한단다. 이야기를 짓고 그 이야기를 전하던 사람들은 농사를 짓거나 장사를 하는 사람들이었지. 힘들고 고된 하루를 이야기로 달랬던 거야. 그래서 전래 동화에는 어렵게 사는 사람들의 이야기가 많아."

"그럼 주인공도 어렵게 사는 사람들이 많겠네요?"

아름이가 물었다.

"그렇지. 그래서 전래 동화는 대부분 착한 사람들은 복을 받고 나쁜 사람들은 벌을 받는 이야기가 많단다. 가난하고 착하기만 한 사람들이 부자가 되는 이야기를 통해 당시 사람들이 힘을 얻었던 것이지. 자, 그럼 이제 책을 읽어 볼까?"

할아버지 말에 명달이는 도깨비 이야기 책을 펼쳤다. 명달이는 할아버지의 할아버지의 할아버지가 이 이야기를 지은 사람을 만나 봤을지도 모른다는 생각이 들었다.

"와, 나도 맛있는 죽 먹고 싶다. 배고픈데."

명달이 입에 침이 고였다.

## 도깨비와 죽

옛날 옛적, 부잣집에 딸이 있었습니다. 부잣집에는 머슴도 있었습니다. 부잣집 딸과 머슴은 서로 좋아했습니다. 주인 영감은 화가 나서 머슴을 내쫓았습니다.

머슴이 어디로 갔는지 아는 사람은 아무도 없었습니다. 딸은 주인 영감 몰래 마을과 마을을 잇는 고개에서 죽을 쑤어 지나가는 나그네들에게 나눠 줬습니다. 그러면서 나그네들에게 혹시 머슴을 만나면 이 고개에서 기다리고 있다고 전해 달라고 부탁했습니다.

죽은 기막히게 맛있었습니다. 죽이 맛있다는 소문은 퍼지고 퍼져 도깨비들 귀에도 들어갔습니다. 도깨비들도 그 죽을 얻어먹으러 매일 고개로 찾아왔습니다. 그중 나쁜 도깨비들은 딸이 머슴을 만나게 되면 다시는 죽을 쑤지 않을 거라고 생각했습니다. 그래서 머슴을 만나지 못하게 훼방을 놓았습니다. 하지만 착한 도깨비들이 죽을 얻어먹은 대가로 부잣집 딸을 도와 머슴을 만나게 해 주었습니다.

머슴과 행복하게 살게 된 딸은 착한 도깨비들을 위해 일 년에 두 번 죽을 쑤어 나눠 줬습니다.

결국 나쁜 도깨비들은 도깨비 나라에서 쫓겨나게 되었고 죽도 얻어먹을 수 없게 되었습니다.

"나는 죽 중에서 전복죽이 제일 맛있어. 아, 호박죽도 맛있긴 해."

아름이도 입맛을 다셨다.

"이 책에서 하고자 하는 말은 뭘까?"

할아버지가 물었다.

"죽이요."

명달이가 냉큼 대답했다.

"에이그, 쯧쯧."

할아버지가 혀를 찼다.

"물론 죽도 중요하긴 하지. 죽을 쑤어서 머슴을 만날 수 있었으니까. 하지만 이 글의 주제는 죽이 아니야. 명달이 네가 책을 제대로 읽지 않았다는 증거야. 전래 동화를 제대로 읽는 방법을 알려 줄 테니 눈을 크게 뜨고 귀를 활짝 열고 들어라."

명달이와 아름이는 눈을 크게 뜨고 할아버지를 바라봤다.

"전래 동화를 제대로 읽으려면 첫 번째! 주인공의 신분이나 직업을 알아야 한다. 옛날 사람들은 신분과 직업을 아주 중요하게 여겼고 그것에 따라 많은 것이 정해졌단다. 두 번째! 주인공에게 어떤 일이 일어났을 때 도움을 준 착한 사람과 해를 끼친 나쁜 사람이 어떻게 되었는지 비교하며 읽으면 더 재미있게 읽을 수 있단다."

명달이와 아름이는 다시 책을 읽었다.

"주인공은 옛날 사람이고 부잣집 딸이에요."

아름이가 말했다.

"주인공은 신분이 다른 머슴과 서로 좋아하게 되었어

요."

명달이도 자신 있게 대답했다.

"그렇지, 그렇지."

할아버지가 활짝 웃었다.

"머슴이 쫓겨나고 딸은 머슴을 찾아나서요. 그런데 나쁜 도깨비가 방해를 해요. 아휴, 도깨비가 어쩜 그렇게 나쁠 수가 있어?"

아름이가 명달이를 흘겨봤다.

"착한 도깨비도 있잖아."

명달이는 볼멘소리를 했다.

"하하하하하, 그래. 착한 도깨비도 있고 나쁜 도깨비도 있지. 자, 그럼 이 글은 무엇을 말하려고 하는 걸까?"

"주제 말이죠? 이 글의 주제는 나쁜 일을 하면 안 된다는 거예요. 착한 일을 해야 복을 받을 수 있다고 말하고 있어요. 딸은 죽을 쑤어 길을 오가는 나그네들에게 나눠 주는 일을 했어요. 옛날에는 자동차가 없어 먼 길도 걸어 다녀서 배가 많이 고팠을 텐데, 그 사람들을 배

부르게 해 주는 착한 일을 한 거예요. 그렇게 착한 일을 했기 때문에 딸은 머슴을 만날 수 있었어요. 착한 도깨비들은 딸을 도와줘서 계속 죽을 먹을 수 있게 되었고요. 나쁜 도깨비들은 나쁜 짓을 했으니까 쫓겨나고 죽도 못 먹게 되었어요."

아름이가 또박또박 말했다.

명달이는 눈이 휘둥그레져서 아름이를 바라봤다. 아름이가 한순간 천재가 된 거 같

왔다.

"잘했어. 어떠니? 책에 나오는 인물의 성격과 행동에 따라 결말을 비교해 보니 주제를 쉽게 파악할 수 있지? 명달이 너도 당연히 알고 있는 거지?"

"그럼요."

명달이는 큰소리쳤다.

"그럼 책을 읽었으니 우리 독후 활동을 해 볼까?"

"그건 또 뭐예요?"

명달이는 고개를 갸웃하며 물었다.

"책을 읽고 나서 다양한 활동을 하는 것을 독후 활동이라고 한단다. 글쓰기를 해도 되고 그림을 그려도 되지. 노래를 만들어도 되고 말이야. 독후 활동을 하면 이야기의 주제가 오랫동안 머릿속에 남게 되고 완전히 내 것으로 만들 수 있단다. 어렵고 복잡한 것보다는 쉽고 재미있게 할 수 있는 것이 좋지. 뭘 해 볼까?"

"저는 주인공인 부잣집 딸에게 편지를 써 볼래요."

아름이가 손을 번쩍 들며 말했다.

부잣집 딸에게

안녕! 나는 아름이라고 해. 나는 네가 머슴과 좋아하는 사이인데 어쩔 수 없이 헤어져야 할 때 무척 슬펐어. 내가 너라면 쫓겨나는 머슴을 따라갔을 거 같아. 하지만 그랬다면 아버지가 엄청 슬퍼했겠지.

나중에 머슴과 다시 만나게 되어 참 다행이야. 둘이 행복하길 바랄게.

또 태어날 수 있다면 다음에는 신분에 상관없이 마음대로 좋아할 수 있는 곳에서 태어나길 바랄게.

아름이가

"명달이 너는 나쁜 도깨비에게 할 말이 없니? 나쁜 도깨비한테 편지 쓰는 건 어때? 착하게 살라고."

아름이가 명달이에게 슬쩍 말했다.

"내, 내가 왜 도깨비한테 할 말이 있어? 나랑 도깨비랑 무슨 상관이라고."

명달이는 아랫입술을 꼭 깨물며 아름이를 흘겨봤다. 이러다 도깨비인 게 밝혀질까 봐 긴장이 되었다.

"그래, 명달이는 나쁜 도깨비한테 편지를 써 보자. 도깨비랑 상관없어도 책을 읽고 나니까 할 말이 생기지 않았니?"

할아버지가 명달이를 바라보며 말했다.

"네, 생겼어요."

명달이는 나쁜 도깨비들에게 할 말이 많았다.

나쁜 도깨비들에게

도깨비들아.

나는 명달이라고 해. 나는 도깨비가 아닌 사람이야. 도깨비라고 절대, 절대 생각하지 마.

어쨌든 난 동화를 읽고 딸과 머슴이 만나는 것을 자꾸 훼방하는 너희가 미웠어. 하지만 조금은 이해할 수도 있을 거 같긴 해. 죽이 너무 맛있으니까 계속 먹고 싶어서 그런 거지? 나도 먹는 걸 좋아해서 너희들 마음 알아. 하지만 다른 이에게 해를 끼치는 행동은 하지 말아야 해. 결국에는 죽을 못 먹게 되었잖아. 다음에는 착하게 살렴.

명달이가

## 도깨비 왕자 창작 동화를 읽다

아름이는 약속대로 책을 정리하기 시작했다.

"나는 힘이 없어서 못 하겠어."

명달이는 바닥에 벌렁 누웠다. 배가 고파 눈물이 날 지경이었다. 도깨비 나라에서는 매일 이것저것 맘껏 먹어서 배가 불룩했었다. 하지만 지금 명달이 배는 홀쭉하게 꺼져 있다.

명달이는 누운 채 눈을 감았다. 옥수수와 별똥으로 만든 케이크가 눈앞에 둥실 떠올랐다. 침이 저절로 넘어갔다.

"허어엉, 배고파. 배가 불룩해지도록 뭔가를 좀 먹어 봤으면 좋겠다."

명달이는 자기도 모르게 울음이 터졌다.

그때였다. 어디선가 구수한 냄새가 솔솔 났다. 명달이는 코를 킁킁대며 벌떡 일어났다.

"책 정리하느라고 수고 많았다. 순대 사 왔는데 먹고 하렴."

할아버지가 비닐봉지를 흔들었다. 명달이는 바람처럼 일어나 비닐봉지를 덥석 받아 들었다. 명달이는 입이 터지도록 순대를 넣고 우물거렸다. 맛있어서 눈물이 날 지경이었다.

"아이구, 멀리 와서 고생이 많다."

명달이를 바라보는 할아버지 눈에 안타까움이 가득했다.

"예?"

명달이는 순대 씹는 걸 멈췄다. 명달이는 심장이 두근거렸다.

'내가 멀리서 온 걸 어떻게 알았지? 설마 내가 도깨비인 걸 아는 걸까? 에이, 그럴 리가 없어.'

명달이는 고개를 저었다.

"내일도 학교 마치고 오렴. 내일은 창작 동화 읽기를 할 거야."

할아버지는 내일도 책 읽기를 마치고 나면 맛있는 걸 사 주겠다고 약속했다.

"어때? 인간 세상에 대해 많이 알게 되었니?"

아름이가 집으로 돌아오며 물었다.

"응. 옛날에는 신분 제도 같은 게 있다는 사실을 알았어. 왜 그런 걸 만들었을까?"

명달이는 도무지 이해가 되지 않았다.

다음 날 학교를 마치자마자 아름이와 명달이는 서점으로 달려갔다.

"어서 오렴. 오늘은 창작 동화 읽기를 하기로 했지? 창작 동화는 우리 주변에서 일어날 만한 일들에 대한 이야기라서 공감이 가는 이야기가 많단다. 읽다 보면 내가 겪었던 일도 있고 겪어 보지 못한 일들도 있지. 중요한 건 말이다. 책을 읽으며 간접 경험한 일들을 통해 어떤 걸

느끼고 배우느냐는 것이다. 자, 학교에서 열심히 공부하느라고 배고팠을 테니 일단 이것 좀 먹어라."

할아버지는 윤기가 잘잘 흐르는 떡볶이를 내왔다. 명달이는 떡볶이도 눈물 나게 맛있었다.

"창작 동화 종류에는 우리와 비슷한 일상을 담은 생활 동화, 동물이나 사물을 사람처럼 바꾸어서 이야기하는 의인화 동화, 마법이나 환상 등의 이야기를 다룬 판타지 동화가 있단다. 오늘 우리가 읽을 동화는 생활 동화야."

할아버지는 『엄마의 비밀』이라는 책을 건넸다.

"창작 동화도 읽는 방법이 있단다. 제대로 읽어야 글쓴이가 전하고자 하는 주제를 파악할 수 있지. 내가 알려 주는 대로 읽어 보렴. 배가 부르니 잘할 수 있지?"

할아버지가 명달이를 바라봤다.

"그럼요. 저는 배가 불룩 나오도록 뭔가를 먹으면 뭐든 할 수 있거든요."

명달이가 큰소리쳤다.

"창작 동화를 읽을 때는 이야기 속 세계와 내가 살고 있는 세계가 무엇이 같고 무엇이 다른지 비교하면서 읽어야 한단다. 그래야 이야기 속 인물들의 말과 행동 그리고 마음을 잘 이해할 수 있거든. 그리고 내 경험을 비교하며 읽으면 그 인물이 어떤 생각을 하는지 쉽게 이해할 수 있지. 자, 사건이 일어난 순서도 기억하며 읽어야 해. 찬찬히 읽어 보도록 하자."

엄마의 비밀

성아 엄마는 의사입니다. 멋지고 예쁘다고 사람들이 칭찬도 많이 합니다. 성아 친구들은 성아를 모두 부러워해요. 하지만 그건 모르고 하는 말이에요. 성아 엄마는 잔소리도 많고 마음대로 하려는 고집쟁이에요.

성아 꿈은 아이돌인데 엄마는 자꾸 판사가 되라고 합니다. 성아는 생각만 해도 머리가 아팠어요. 성아는 엄마가 시키는 대로 쉬지 않고 공부합니다.

어느 날 성아는 어른들이 재능 기부를 하는 복지관에서 춤을 배우기로 합니다. 그 사실을 안 엄마는 성아를 말리려고 복지관에 찾아와요. 그런데 엄마가 춤을 추는 어떤 사람을 보고 도망치듯 복지관에서 나갔어요.

그 날 이후 엄마가 좀 이상했어요. 성아에게 잔소리하는 일도 줄어들었고 엄청 바빠 보였어요. 뭔가 비밀이 생긴 게 분명했습니다. 그러다 얼마 후 성아는 엄마의 비밀을 알게 됩니다. 엄마가 방송에 나왔거든요. 노래 콘테스트에 말입니다. 콘테스트에서 상을 받지는 못했지만, 엄마는 노래를 무척 잘 불렀습니다. 성아는 자기가 노래를 잘 부르는 것이 엄마를 닮아서라는 걸 알게 됩니다. 엄마가 복지관에서 만났던 춤추는 사람은 엄마의 친구였던 거예요. 엄마는 꿈을 이룬 친구를 보고 자신의 꿈을 다시 찾기로 결심한 겁니다.

엄마는 어느 때보다 행복해 보였어요. 이제는 아이돌이 되고 싶다는 성아에게 꿈을 위해 노력하는 사람이 되라는 말도 합니다. 성아는 자신의 꿈을 위해 노력하기로 결심했답니다.

"우리 엄마도 성아 엄마 같아. 나는 소방관이 되고 싶은데 엄마는 의사가 되라고 하거든. 그러면서 매일 공부! 공부! 노래를 불러. 나는 성아고 성아 엄마는 완전히 우리 엄마 같아."

책을 읽고 난 아름이가 한숨을 쉬었다.

"소방관이 뭐야?"

명달이가 물었다.

"불이 나면 불을 끄는 사람."

"불이 나면 불을 끄는 사람이 되고 싶다고?"

명달이는 아름이의 꿈이 참 특이하다고 생각했다.

'도깨비 나라의 왕비가 되는 건 어때?'

명달이는 이렇게 물어볼 뻔했다.

"하지만 성아 엄마가 꿈의 소중함을 알게 되면서 생각이 바뀌었잖아. 너희 엄마도 그럴지 몰라. 네가 꿈을 잃지 않으면 언젠가는 네 꿈을 이룰 수 있을 거야."

명달이의 말에 아름이 눈이 동그래졌다.

"와! 명달이 너 대단하다."

아름이는 명달이를 칭찬했다. 명달이 스스로 생각해도 자신이 놀라웠다.

"명달이 말이 맞다. 그러니 힘내고 꿈을 잃지 않으려고 노력해라."

할아버지가 아름이에게 말했다.

"정말 그랬으면 좋겠어요. 우리 엄마도 꿈을 이룬 성아 엄마처럼 되고, 저는 성아처럼 내가 하고 싶은 것을 위해 노력해서 행복해지고 싶어요."

아름이는 진지하게 말했다.

"하하하하하. 자신이 하고 싶어 하는 일을 하는 사람

이 행복하다. 이것이 바로 오늘 읽은 동화의 주제란다. 오늘 창작 동화 읽기는 백 점."

할아버지가 목을 젖히고 웃었다.

"오늘 독후 활동은 뭐예요?"

명달이가 할아버지에게 물었다.

"오늘은 역할극을 해 볼까? 역할극을 하면 책 속 인물들의 마음을 잘 알 수 있지."

명달이는 엄마 역을 아름이는 성아 역을 하기로 했다. 아름이는 성아 역을 실감나게 잘했다. 엄마가 춤추는 걸 못 하게 할 때는 눈물을 글썽이기도 했다.

## 도깨비 왕자 동시를 읽다

명달이가 인간 세상에 온 지 벌써 한 달이 다 되었다.

"이제 내일이면 돌아가야 해."

명달이는 아름이를 바라봤다. 명달이도 아름이도 아쉬운 마음이 가득했다.

"그동안 책을 읽으며 인간 세상에 대해 잘 알게 되었어. 모두 아름이 너와 서점 할아버지 덕분이야."

명달이는 진심으로 고마웠다.

"그런데 서점 할아버지한테는 간다고 인사를 하고 가야겠지?"

어느 날 갑자기 말도 없이 사라지면 할아버지가 무척 서운해할 거 같았다.

명달이와 아름이는 서점으로 갔다.

명달이는 서점에 도착하자마자 책 정리를 했다. 이제 떠나야 한다고 생각하니까 모든 것이 다 아쉬웠다. 명달이는 천천히 서점을 둘러봤다. 인간 세상이 궁금해지면 다시 한 번 와 보고 싶은 곳이었다.

"자. 오늘은 동시를 잘 읽어 보도록 하자. 오늘은 특별히 맛있는 케이크를 사 왔으니까 먹으면서 하자."

할아버지는 케이크에 초 세 개를 꽂았다. 하나는 할아버지 초, 하나는 아름이 초, 하나는 명달이 초라고 했다.

"이 동시를 읽어 볼까? 할아버지가 제일 좋아하는 동시야."

할아버지는 '친구'라는 제목의 동시를 펼쳤다.

"이걸 동시라고 해요? 동화보다 훨씬 짧은 글이네요?"

명달이는 이런 짧은 글에서도 인간 세상에 대해 알 수 있는지 궁금했다.

"동시는 짧은 글이지만 동화 못지 않은 이야기가 들어 있단다. 그런데 동시는 글쓴이가 전하고자 하는 말을 모두 다 드러내지는 않는단다. 압축해서 음을 살려 표현하지. 마치 노래를 하듯 읽을 수 있어. 동시를 읽으면 따뜻한 마음을 가질 수 있고 풍부한 생각도 할 수 있단다."

"동시를 읽는 방법은 동화 읽는 방법과 다른가요?"

아름이가 물었다.

"동시는 그 안의 말이 무엇을 가리키는지, 무엇을 뜻하는지 생각하며 읽어야 한단다. 소리나 모양을 흉내 내는 말의 운율을 살려 읽으면 노래처럼 리듬 있고 재미있게 읽을 수 있지."

친구

밤이면
바다에는
퐁당퐁당
별이 내려와서 논다.

하늘하늘 헤엄도 치고
깔깔 웃으며 물장구도 치고
바다는 별의 친구다.

낮이면
바다에는
반짝반짝
해님이 내려와서 논다.

넘실넘실 헤엄도 치고
철썩철썩 물장구도 치고
바다는 해님의 친구다.

바다는 별을 품어 주고
바다는 해님도 품어 준다.
별은 밤에 나오고
해는 낮에 나오지만
바다에 오면 별도 해님도 친구다.

아름이는 노래를 부르듯 감정을 넣어 동시를 읽었다.

"바다의 밤과 낮의 모습이에요."

명달이가 말했다.

"바다에 별이 비치는 걸 퐁당퐁당 별이 바다에 내려왔다고 표현했어요. 바다에 해님이 비치는 건 해님이 놀러왔다고 말하고요."

아름이도 말했다. 갑자기 명달이는 울컥하며 눈물

이 나려고 했다. 동시에 나오는 별은 명달이 같고 해는 아름이 같았다. 바다는 할아버지 같았다. 각자 다른 곳에 살고 있었지만 어느 날 명달이와 아름이 그리고 할아버지는 친구가 되었다.

"오늘 독후 활동은 동시를 이야기로 바꿔 쓰기를 하면 재미있을 거 같아요."

명달이가 말했다.

"하하하하하. 명달이가 이제 책 읽기는 물론이고 독후 활동도 재미있나 보구나. 이러다 인간이 되면 어쩌나 살짝 걱정이 된다."

할아버지가 큰 소리로 웃는 순간, 아름이와 명달이 눈이 휘둥그레졌다.

"아, 내가 무슨 말을 하고 있지? 좀 전에 할아버지가 로봇 이야기를 읽었거든. 그래서 잠시 헷갈렸다. 어서 동시를 이야기로 써 보렴. 하하하하."

할아버지는 다시 목을 젖히고 웃었다. 할아버지 귓불이 불그름해졌다.

별나라의 아기별은 세상이 궁금했어요. 그래서 넓은 바다로 놀러 가기로 했지요. 바다는 아기별이 올 때마다 같이 놀아 주었어요. 해님도 파란 바닷속에는 뭐가 있는지 궁금했어요. 어느 날 해님은 바다로 내려갔어요. 바다는 해님과도 놀아 주었어요. 아기별과 해님은 바다의 품속에서 만났어요. 서로 사는 곳이 다르고 깨어 있는 시간도 다르지만 아기별과 해님은 바다에서 친구가 되었어요.

"동시가 재미있는 짧은 동화가 되었구나. 정말 잘했다."
할아버지는 명달이를 칭찬했다.
"오늘이 이곳에 오는 마지막 날이에요. 사정이 있어서 이제 못 와요."
명달이는 마지막 인사를 하며 눈물을 찔끔거렸다. 할아버지는 명달이에게 책 세 권을 선물로 주었다.

## 도깨비 왕자 인간 세상을 떠나다

깊은 밤 명달이는 떠날 준비를 했다. 날이 밝기 전에 떠나야 했다. 명달이 눈앞에 대왕 도깨비의 웃는 모습이 떠올랐다.

"우리 명달이가 무사히 임무를 마치고 돌아왔구나. 훌륭한 왕이 될 수 있겠어. 당장 왕오와 결혼해라."

대왕 도깨비는 이렇게 말할 거다.

'아름이랑 결혼해도 좋을 거 같은데.'

명달이는 창밖을 보며 이렇게 생각했다. 명달이는 마지막으로 아름이에게 편지를 썼다.

> 아름이에게
>
> 아름아. 나는 이제 도깨비 나라로 떠나. 너와 서점 할아버지 덕분에 훌륭한 왕이 될 수 있을 거 같아. 그런데 떠나려니까 무척 섭섭하다.
>
> 아름아, 부탁이 있어. 내가 너를 도깨비 나라로 초대하고 싶어. 왕이 되고 나서 말이야. 그때까지 아름이 너, 결혼하면 안 된다. 알았지?
>
> 다시 만날 때까지 안녕!
>
> 명달이가

편지를 쓰는 명달이 눈에서 눈물이 떨어졌다. 명달이는 얼른 눈물을 닦으며 할아버지에게서 받은 책을 들었다. 그때였다. 책에서 뭔가 떨어졌다.

"이게 뭐지?"

명달이는 방바닥에 떨어진 접힌 종이를 주워 들었다. 명달이는 종이를 펴 보았다.

> 명달이에게
>
> 명달아. 이제 네가 돌아가는 날이구나. 그동안 친해졌는데 많이 서운하다. 네가 처음 우리 서점에 왔던 날, 화장실에서 네 뒷모습을 봤단다. 도깨비 팬티를 입고 있더구나. 할아버지는 책을 많이 읽었기 때문에 그 팬티는 도깨비들만 입는 것이라는 걸 알고 있었단다. 꼭 훌륭한 도깨비가 되어라.
>
> 명달이를 응원하는 할아버지가

할아버지가 명달이에게 보낸 편지였다. 할아버지는 명달이가 도깨비라는 걸 알고 있었다.

"흐어엉."

명달이는 눈물이 쏟아졌다. 이곳에서 계속 살고 싶다는 생각이 들었다. 하지만 그럴 수는 없었다.

새벽 네 시가 다 되어 갔다. 이제 떠나야 한다. 명달이는 마지막으로 할아버지에게 편지를 썼다.

> 서점 할아버지께
>
> 할아버지, 사실 저는 도깨비 나라의 왕자예요. 할아버지 덕분에 많은 것을 배우고 가요. 제가 왕이 되면 도깨비 나라에도 책을 만들어서 꼭 할아버지를 초대할 거예요. 우리 도깨비들에게도 책 읽는 방법을 가르치러 와 주세요.
>
> 책 읽는 도깨비가 많아지면 도깨비와 인간은 친구가 될 수 있을 거예요.
>
> 다시 만날 때까지 건강히 잘 지내세요.
>
> 명달 올림

명달이는 편지를 접어 '서점 할아버지께'라고 써서 아름이에게 쓴 편지 옆에 놓았다.

명달이는 도깨비방망이를 타고 창문을 열었다. 마

침 바람이 불어 명달이 몸을 감쌌다.

"야하!"

명달이를 태운 도깨비방망이는 힘차게 구름 위로 올라갔다.

왕왕왕!

깐순이가 두 다리를 번쩍 들고 짖었다. 곧 날이 밝으려는지 먼 하늘이 뿌옇게 변하기 시작했다.

꼭꼭
씹어 먹는
국어 ❸ 이야기 글 맛있게 먹기

🍜 동화 작가 박현숙의
문해력 키우기

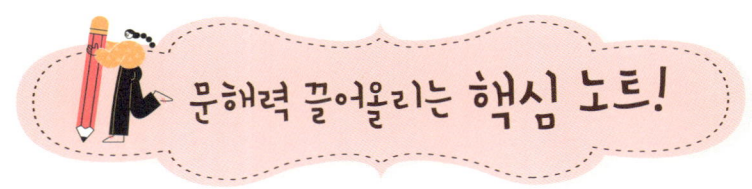

## 이야기 글이란?

>> 이야기 글은 인물의 행동, 말, 생각을 중심으로 사건이 전개되는 글이에요.

읽는 사람은 인물의 마음을 이해하고, 사건이 흘러가는 과정을 통해 주제나 교훈을 깨닫게 되지요.

이야기 글의 종류에는 전래 동화, 창작 동화, 동시가 있어요. 이야기가 담겨 있지만 전달 방식과 표현 방법은 다르답니다.

## 사람들은 왜 이야기 글을 읽을까요?

1. 이야기 글이 재미있기 때문이에요. 다양한 상황을 간접적으로 경험할 수 있으니까요.

2. 이야기 글을 읽으면 문제를 파악하고 해결하는 힘을 키울 수 있어요. 하지만 재미있다고 글을 빨리 읽으면 안 돼요. 지은이가 말하고자 하는 주제를 파악하며 읽어야 하지요.

##  이야기 글, 파헤쳐 볼까요?

### Q 전래 동화가 궁금하다고요?

**1. 전래 동화는?**

옛날 사람들의 입에서 입으로 전해진 이야기예요. 이야기를 처음 만든 사람이 누구인지는 알 수 없지만 많은 사람들에게 이야기가 전해지면서 조금씩 바뀌고 다듬어졌어요.

**2. 전래 동화의 특징**

- 전래동화에는 옛사람들의 지혜, 생활 모습, 소망과 고훈이 담겨 있어요. 착한 사람은 복을 받고, 나쁜 사람

은 벌을 받는 이야기가 많아요.
- 가난한 사람이나 신분이 낮은 사람이 주인공으로 등장하기도 해요. 이는 옛날의 사회 구조나 신분 제도가 반영되었기 때문이에요.

### 3. 전래 동화, 제대로 읽는 방법

- 주인공의 신분과 직업이 사건에 어떤 영향을 미쳤는지 살피며 읽어요.
- 권선징악(착한 사람은 복을 받고, 나쁜 사람은 벌을 받음)의 주제를 생각하며 읽어요.
- 옛날이야기 속 가치관과 오늘날의 생활을 비교하며 읽어요.

## Q 창작 동화가 궁금하다고요?

### 1. 창작동화는?

작가가 자신의 생각과 목적을 담아 새로 만든 이야기예요. 주로 현대 사회나 일상생활을 배경으로 하며, 주제와 감정을 정확히 표현하지요.

## 2. 창작 동화의 종류

- 생활 동화: 일상에서 일어나는 일(가족, 친구, 학교 이야기 등)
- 의인화 동화: 동물이나 사물이 사람처럼 말하고 행동하는 이야기
- 판타지 동화: 마법이나 상상, 환상적인 사건이 중심이 되는 이야기

## 3. 창작 동화의 특징

- 작가가 분명하며, 전달하고자 하는 주제나 메시지가 있어요.
- 주인공은 독자와 비슷한 어린이 또는 주변 인물들이에요. 그래서 공감이 잘 되고 감정 이입이 쉬워요.
- 작가가 만든 새로운 세계는 상상력을 넓힐 수 있어요. 재미와 감동, 교훈이 모두 담겨 있어요.

## 4. 창작 동화, 제대로 읽는 방법

- 주인공의 상황과 내 경험을 비교하며 읽어요.
- 인물이 한 말과 행동의 이유를 생각하며 읽어요.
- 사건의 순서를 기억하며 읽어요.

**Q** 동시가 궁금하다고요?

## 1. 동시는?

어린이의 마음을 담은 짧은 시예요. 짧지만 리듬(운율)이 있고, 마음의 느낌을 쉽게 표현해요. 이야기처럼 줄거리가 있지는 않지만, 마음의 이야기가 담겨 있어요.

## 2. 동시의 특징

- 어린이의 시선으로 사물이나 마음을 새롭게 봐요.
- 글쓴이의 감정을 은유와 비유로 표현해요.
- 짧고 간결하며 리듬이 있어요. 소리(의성어)나 모양(의태어)을 흉내 내는 말이 많아요.

## 3. 동시, 제대로 읽는 방법

- 단어가 가진 여러 의미를 상상하며 읽어요.
- '퐁당퐁당', '철썩철썩' 등 소리의 리듬을 살려 읽어요.

## 이야기 글을 읽을 때, 주의점이 있을까요?

>> 이야기 글이 쉽고 재미있다고 빨리 읽지 말고, 글의 특성에 따라 읽는 방법을 다르게 해 보세요.

전래 동화는 인물의 신분과 교훈을 중심으로, 창작 동화는 인물의 생각과 경험을 중심으로, 동시는 말의 느낌과 리듬을 중심으로 읽어 보세요.
읽는 방식이 달라야 진짜 '이야기 글 읽기'를 제대로 하는 거예요.

## 이야기 글을 읽은 뒤, 주제를 파악하는 방법이 있을까요?

>> 이야기 글의 주제는 작가가 전달하고자 하는 핵심 생각이에요. 주제는 보통 인물의 말과 행동, 사건의 변화 속에서 드러나요.

이야기 글을 읽고 다음과 같이 질문해 보세요. 주제를 쉽게 파악할 수 있답니다.

1. 인물은 어떤 일을 겪었고, 어떻게 변했나?
2. 작가가 이 이야기에서 가장 중요하게 전하고 싶은 말은 무엇이었을까?
3. 인물의 마음이 바뀐 이유는 무엇일까?

##  이야기 글을 읽은 뒤, 토론 활동과 독후 활동은 왜 하는 걸까요?

1. 토론 활동은 이야기 속 인물의 선택이나 행동에 대해 의견을 나누는 활동이에요. 주인공의 행동이 옳았는지, 내가 그 상황이었다면 어떻게 했을지 토론 활동을 통해 사고력과 공감 능력을 기를 수 있어요.

2. 독후 활동은 책을 읽고 나서 글쓰기, 그림, 노래, 역할극 등으로 내용을 표현해 보는 활동이에요. 독후 활동을 하면 이야기 속 주제와 감정이 자신의 경험으로 연결되어 기억에 오래 남아요.

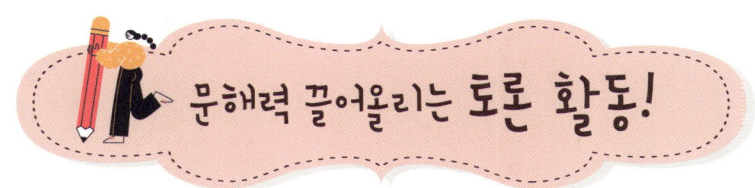

**다음 주제에 대한 여러분의 의견은 찬성인가요, 반대인가요?**

찬성과 반대 의견을 살펴보고 내 의견을 적어 본 뒤, 토론해 보세요.

### 주제 1. 옛이야기가 꼭 필요한가?

요즘에는 만화, 창작 동화 등 읽을거리가 많아요. 옛날이야기(전래 동화)는 여전히 읽을 가치가 있을까요?

**(찬성) 옛이야기(전래 동화)는 꼭 필요하다.**

1. 옛사람들의 지혜와 교훈을 배울 수 있다. 예를 들어 『흥부와 놀부』를 보면 욕심 부리는 게 나쁘다는 걸 자연스럽게 배운다.
2. 착한 일을 하면 복을 받고, 나쁜 일을 하면 벌을 받

는다는 도덕적 기준을 알려 준다.

3. 우리 조상들의 생각과 말, 생활 모습을 이해할 수 있다. 옛이야기를 알면 우리 문화의 뿌리도 알 수 있다.

**(반대) 현대의 새 이야기(창작 동화)로도 충분하다.**

1. 시대가 달라서 옛이야기의 내용이 지금과 안 맞을 때가 있다. 옛날이야기는 재미있지만 현실과 너무 다르다.

2. 요즘 아이들의 생활과 생각을 담은 창작 동화가 더 공감되기 때문이다.

3. 전래 동화는 반복적이고 비슷한 내용이 많기 때문에 다양한 글을 읽어야 한다. 요즘에는 옛이야기에 자주 등장하는 도깨비보다 친구나 가족 이야기에서 더 많이 배울 수 있다.

**나는 (찬성 / 반대)이다.**

**왜냐하면**

_____

_____

_____

_____

_____ 때문이다.

그러므로 나는 _____ 생각한다.


### 주제 2. 이야기에는 꼭 교훈이 있어야 할까?

창작 동화 중에는 교훈이 없는 이야기도 있어요. 요즘에는 재미를 위한 창작 동화도 많아요. 이야기에는 꼭 교훈이 있어야 할까요?

**(찬성) 이야기에는 꼭 교훈이 있어야 한다.**
1. 이야기를 통해 바른 생각과 행동을 배워야 하기 때

문에 교훈은 중요하다.

2. 교훈이 있으면 이야기를 읽은 뒤에도 오래 기억에 남는다.

3. 교훈을 통해 좋은 습관을 기를 수 있기 때문이다.

**(반대) 이야기에 반드시 교훈이 있어야 하는 것은 아니다.**

1. 재밌고 신기한 이야기도 마음을 행복하게 해 주기 때문이다.

2. 교훈을 강요하는 것 같아서 부담스럽다. 이야기는 단순한 재미를 위해서도 필요하다.

3. 스스로 깨닫는 생각이 더 중요하다. 꼭 교훈이 없어도 된다.

**나는 (찬성 / 반대)이다.**

**왜냐하면** _____

_____

_____

_____

_____

_____ 때문이다.

그러므로 나는 _____ 생각한다.

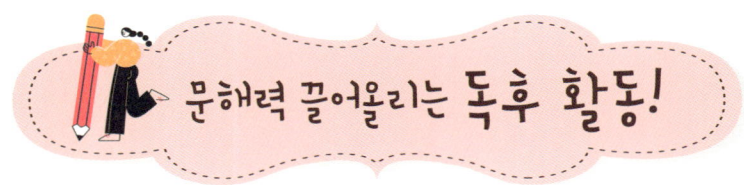

1. 명달이가 인간 세상에 왔던 이유는 무엇인가요?

2. 명달이의 도깨비방망이 주문은 무엇이었나요. 만약 나에게 도깨비방망이가 있다면 나만의 변신 주문을 만들고, 이루고 싶은 세 가지 소원을 적어 보세요.

명달이의 도깨비방망이 주문:
_____
_____

나만의 도깨비방망이 변신 주문:
_____
_____

내가 바라는 세 가지 소원
하나. _____
둘. _____
셋. _____

**3** 서점 할아버지가 이야기 글을 읽을 때 어떤 점을 생각하며 읽으라고 했나요?

④ 명달이가 처음에 책을 많이 읽고도 내용을 잘 이해하지 못했던 이유는 무엇인가요?

**5** 전래 동화와 창작 동화에 대해 간단히 설명해 보세요(34쪽, 44쪽 참고).

전래 동화

창작 동화

* 이야기 속 전래 동화 '도깨비와 죽'을 읽고 답해 보세요(6~8번).

**6** 부잣집 딸이 머슴을 다시 만날 수 있었던 가장 큰 이유는 무엇인가요? (     )

① 죽을 쑤어 지나가는 나그네들에게 나눠 줬기 때문에

② 나쁜 도깨비들이 부잣집 딸을 도와줬기 때문에

③ 도깨비방망이를 사용해서 모든 도깨비들이 도와줬기 때문에

**7** 나쁜 도깨비와 착한 도깨비는 각각 어떻게 행동했나요.

나쁜 도깨비:

착한 도깨비:

❽ '도깨비와 죽' 전래 동화가 우리에게 주는 교훈(주제)은 무엇인가요?

* 이야기 속 창작 동화 '엄마의 비밀'을 읽고 답해 보세요(9~10번).

❾ 성아와 엄마의 진짜 꿈은 무엇이었나요?

성아의 꿈:

엄마의 꿈:

🔟 내가 만약 이야기 속 성아라면, 엄마에게 어떤 말을 하고 싶은가요?

* 이야기 속 동시 '친구'를 읽고 답해 보세요(11~12번).

⓫ 동시를 읽고 '밤'과 '낮'의 바다 풍경을 그림으로 표현해 보세요.

밤

낮

⑫ '친구'라는 주제로 동시를 써 보세요.

❸ 명달이는 이야기를 통해 점점 성장했어요. 여러분도 최근에 성장했다고 느낀 순간이 있었나요? 어떤 일이었나요?

❹ 이야기 속에 등장하는 명달이, 아름이, 서점 할아버지에게 하고 싶은 말이 있나요? 마음이 가는 등장인물에게 편지를 써 보세요.

_____ 에게

**15** 이야기를 모두 읽은 뒤, 좋은 리더(왕)란 어떤 사람이라고 생각하게 되었나요?

### 작가의 말

이야기 글에는 창작 동화, 전래 동화, 동시가 있어요.

이야기 글은 딱딱한 다른 글보다 훨씬 쉽게 읽을 수 있어요. 재미있거든요. 이야기 글을 읽으면 내가 직접 만날 수 없는 다양한 사람들을 책 속에서 만나고, 직접 경험할 수 없는 다양한 경험을 책 속에서 할 수 있어요. 다양한 사람을 만나 다양한 경험을 하게 되면 나도 모르게 생각의 깊이도 깊어지고 생각의 넓이도 넓어지며 생각의 키도 커지지요.

그런데 이야기 글도 잘 읽는 방법이 있답니다. 재미있다고 이야기 내용만 따라서 대충대충 씹어 삼키는 게 아니라 아주아주 꼭꼭 씹어 먹어야 해요. '주인공은 왜 그런 선택을 했을까, 내가 주인공이라면 어떻게 했을까' 이런 생각을 하면서 꼭꼭 씹어 먹다 보면 책을 쓴 작가가 독자들에게 해 주고 싶은 말을 찾아낼 수가 있어요. 그걸 주제라고 해요.

책 속의 주인공은 주제를 따라 책을 읽는 독자들과 함께 놀기도 하고 여행도 해요. 책 속에서 만난 사람들과 함께했던 경험은 내 것이 돼요.

이 책에는 이야기 글을 꼭꼭 씹어 먹는 방법이 나와요. 꼭꼭 씹어 먹다 보면 책이 얼마나 맛있는지 알게 될 거예요. 책의 맛을 알게 되면 낮이고 밤이고 자꾸만 먹고 싶어질걸요.

이 세상에서 책이 가장 맛있는

동화 작가  박현숙

**꼭꼭 씹어 먹는 국어**
❸ 이야기 글 맛있게 먹기
ⓒ 박현숙 2025

초판 1쇄 인쇄일 | 2025년 10월 30일
초판 1쇄 발행일 | 2025년 11월 12일

지은이 | 박현숙
그린이 | 홍찬주
펴낸이 | 사태희
편　집 | 박선규 · **책임편집** | 정현주
디자인 | 김경미
마케팅 | 장민영
제　작 | 이승욱 이대성

**펴낸곳** 특별한서재
**출판등록** 제2021-000322호
**주소** 08505 서울특별시 금천구 가산디지털2로 101 한라원앤원타워 B동 1503호
**전화** 02-3273-7878
**팩스** 0505-832-0042
e-mail info@specialbooks.co.kr

**ISBN** | 979-11-6703-183-9 (73700)

특서주니어는 (주)특별한서재의 아동 브랜드입니다.
잘못된 책은 교환해드립니다. 저자와의 협의하에 인지는 붙이지 않습니다.
저작권법에 의하여 보호를 받는 저작물이므로 무단 전재와 복제를 금합니다.